AF591915

SOUVENIRS

D'UN CONVENTIONNEL

PAR

ÉMILE MONNET

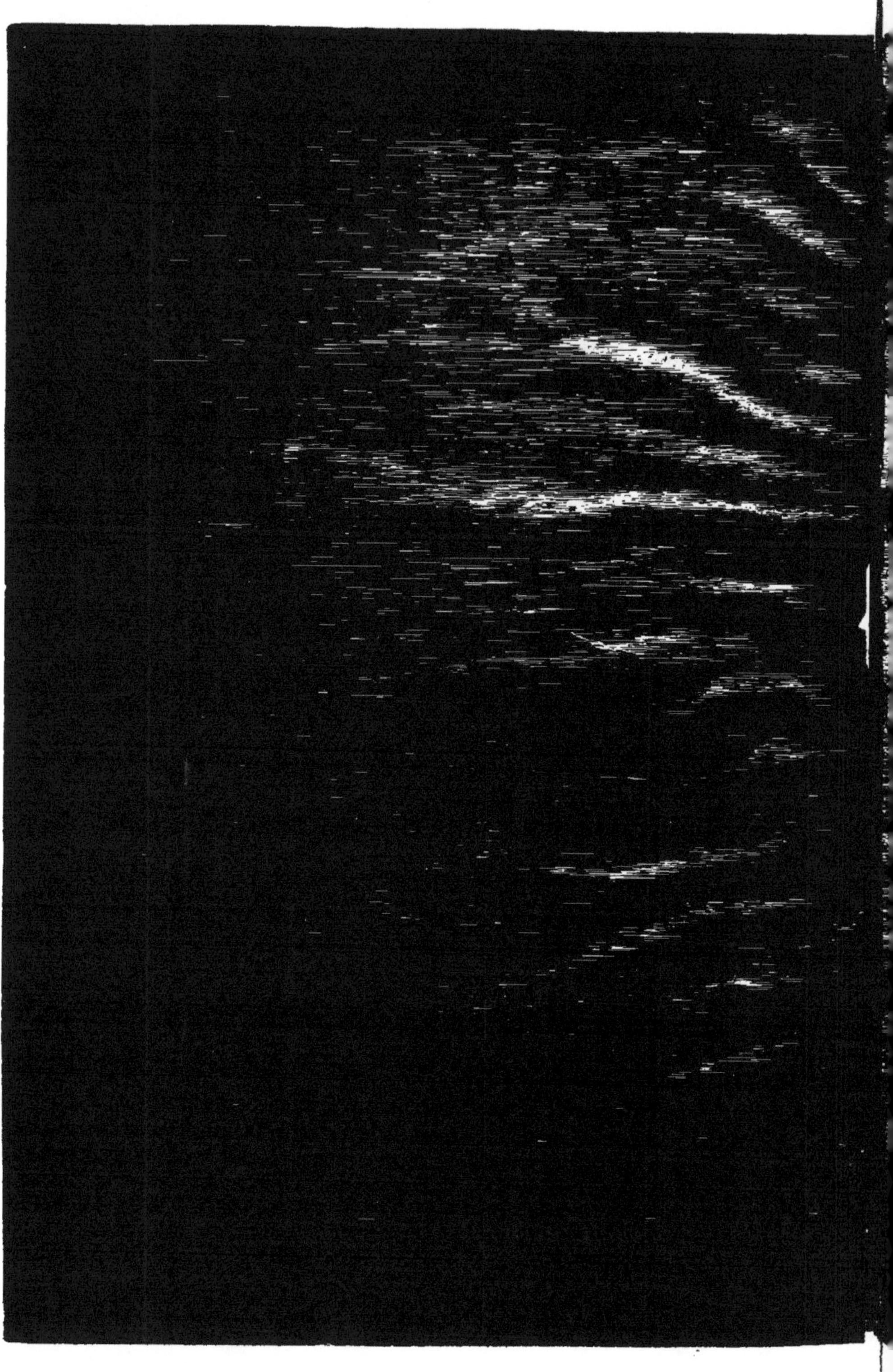

SOUVENIRS D'UN CONVENTIONNEL

Extrait de la Revue de la Révolution

D'UN CONVENTIONNEL

PAR

ÉMILE MONNET

VANNES
EUGÈNE LAFOLYE, ÉDITEUR

—

1888

SOUVENIRS D'UN CONVENTIONNEL

Nous avons eu récemment entre les mains la volumineuse correspondance qu'un ancien membre de l'Assemblée législative de 1791, qui fut aussi membre de la Convention et régicide, entretint avec sa famille, pendant les cinq années de son séjour à Paris.

Bien que ces lettres, que nous avons dépouillées avec grand soin, ne jettent aucun jour nouveau sur les événements de la Révolution, et qu'elles émanent d'un des membres les plus effacés de ces deux Assemblées, nous avons cru qu'il était intéressant de les publier, pour faire connaître comment les contemporains obscurs, ceux dont l'histoire n'a pas gardé le souvenir, mais dont les votes ont eu néanmoins une immense influence sur nos destinées, jugeaient et appréciaient les événements auxquels ils ont pris part ou dont ils furent les témoins.

L'auteur de ces lettres est un inconnu qui a passé dans la vie politique sans y laisser trace ; il était simple cultivateur avant la Révolution. En 1789, déjà âgé de plus de soixante ans, presque un vieillard, il s'éprend des théories nouvelles, et cela lui suffit pour se créer une situation électorale. En effet, deux ans plus tard, il est nommé député à l'Assemblée législative.

Ce succès oblige le campagnard à quitter ses champs et à venir à Paris ; mais, sans instruction première, ne connaissant personne, il vit d'abord à l'écart, s'étonne du bruit et de la vie qui l'entourent et se confine dans l'exécution de son mandat, croyant l'avoir bien rempli après avoir passé sa journée à l'Assemblée. Jamais, il est vrai, il n'est monté à la tribune, jamais il n'a pris une part active qui puisse attirer sur lui l'attention, aux travaux de l'Assemblée législative et de la Convention; mais en revanche, il n'a jamais déserté son poste. Il est resté à Paris pendant tout le temps de la Révolution et il a assisté à toutes les séances tumultueuses de ces deux grandes Assemblées.

Ses lettres adressées à son fils et à sa belle-fille ont un caractère tout à fait intime; on n'y trouve aucune appréciation élevée, aucune critique sérieuse, mais elles relatent les faits et indiquent l'état d'esprit de tous ceux qui, comme lui, à cette époque, embrassèrent avec ardeur la cause de la Révolution, et la suivirent sans chercher à la conduire et sans être capables de la diriger.

Il fut du nombre de ces députés obscurs qui, venus de leurs provinces, ignorants et ignorés, se mirent à la remorque des plus intelligents et des plus audacieux, et, aux différentes époques de sa carrière politique, soit par conviction, soit pour ne pas être la victime des événements, il fit constamment partie de la majorité, bien que l'axe de cette dernière se déplaçât profondément et souvent.

De simple cultivateur qu'il était, il se trouva tout à coup châtelain riche et fortuné par suite des nombreuses acquisitions qu'il fit de biens nationaux, et la plus grande partie de ses lettres contient ses instructions à son fils pour la gérance de sa nouvelle fortune, nous devons ajouter que nous avons laissé de côté toute cette partie peu intéressante de sa correspondance.

En un mot, nous allons prendre l'homme à son arrivée à Paris, raconter le genre de vie qu'il y mena, et transcrire comme nous les trouvons les impressions politiques d'un simple paysan devenu député. Mais avant d'entamer ce récit, nous croyons utile pour mieux faire connaître le personnage en question, de donner sur son compte, une petite notice biographique, empruntée, comme l'est également le portrait qui figure au commencement de cette étude, aux « Archives politiques du département des Deux-Sèvres », ouvrage que nous publions en ce moment.

Pierre-Jacques Dubreuil-Chambardel descendait d'une ancienne famille de cultivateurs et de marchands, habitant le village d'Avon (près la Mothe-Sainte-Héraye, Deux-Sèvres).

Il naquit à la Mothe, le 10 *février* 1729. Son instruction fut des plus sommaires, et de bonne heure il se fit cultivateur, exploitant des domaines qu'il prenait à ferme, entr'autres le prieuré de Font-Blanche, le prieuré de Saint-Maixent de Paimproux au bénéfice du collège des Jésuites de Poitiers, la terre et le château de Boissec en Escoudun, appartenant au comte de Carvoisin, enfin le riche prieuré de Verrines qu'il exploitait encore en 1790.

D'un naturel peu expansif, Dubreuil n'avait pas d'amis, sauf toutefois M. Thibault, curé d'Avon « car, souvent, dit Jules « Richard, dans une notice qu'il lui a consacrée, on voyait « Dubreuil agenouillé sur les marches de l'humble autel du « hameau d'Avon, aidant par ses réponses, le prieur à accom- « plir le divin office de la messe..... »

En 1752, il épousa, en l'église Saint-André de Niort, demoiselle Anne-Elisabeth Clerc de la Chatauderie. Lorsque éclata la Révolution, Dubreuil en embrassa la cause avec enthousiasme ; il n'en fallut pas davantage pour lui créer dans le pays une situation politique. Il fut successivement élu président de l'assemblée électorale qui se réunit à Niort le 7 juin 1790, puis administrateur du département en 1791 ; lorsque les électeurs furent de nouveau réunis pour nommer leurs députés à l'Assemblée législative, Dubreuil-Chambardel fut élu député par 184 voix sur 289 votants.

A peine arrivé à Paris, il se fit recevoir membre de la société célèbre des Jacobins de la rue Saint-Honoré et s'attacha à la fortune des politiciens les plus ardents. Ses votes à l'Assemblée en témoignent suffisamment ; c'est ainsi que successivement il accorde aux Suisses de Chateauvieux sortis du bagne de Brest les honneurs de la séance ; qu'il renvoie devant la juridiction suprême les crieurs d'enrôlement pour les émigrés, et qu'il vote la mise en accusation du général Lafayette.

En 1792, les électeurs des Deux-Sèvres nommèrent Dubreuil-Chambardel, député à la Convention. Dans cette grande Assemblée de la Révolution, Dubreuil siégea à la Montagne et se signala par la violence de ses votes.

Dans les procès du roi, il fut de ceux qui votèrent la mort sans appel et sans sursis, il motiva même son vote dans les termes suivants :

« Si je ne consultais que mon cœur, je ferais grâce, mais « comme législateur, je consulte la loi et la loi a parlé. »

Les 13 et 14 avril 1793, il refusa d'envoyer Marat devant le tribunal révolutionnaire, et le 31 mai, au contraire, il livra à la justice ses collègues de la Gironde.

Enfin, au mois de novembre 1794, il fit partie de la commission des 21 chargée de faire une enquête sur les accusations portées contre Carrier.

Lorsque la Convention eut achevé son œuvre, Dubreuil fut nommé par le gouvernement qui suivit, commissaire du gouvernement près du directoire des Deux-Sèvres, position qu'il conserva jusqu'au 18 brumaire.

A l'avènement de Bonaparte, il dut renoncer à la vie politique, et il vint habiter près de Pamproux le château du Bois-Grollier, autour duquel il possédait plusieurs propriétés qu'il avait achetées, comme le château, pendant la Révolution à titre de biens nationaux ou biens d'émigrés. Il mourut le 23 brumaire, an XIII (1806) à l'âge de 77 ans, dans sa propriété du Châteigner, située dans la commune de Jazeneuil, canton de Lusignan, domaine national qu'il avait acheté en même temps que Bois-Grollier. Il fut enterré dans le jardin de la propriété où l'on peut encore voir sa pierre tombale.

Dubreuil-Chambardel nommé député à l'Assemblée législative par le département des Deux-Sèvres, au mois de septembre 1791, partit aussitôt pour Paris, laissant chez lui son fils et sa belle-fille. C'est avec eux qu'il entretint toute la correspondance qui va suivre.

La première lettre que nous trouvons, datée du 28 octobre, est adressée à son fils et ne contient que ces quelques mots :

Paris, ce 28 octobre 1791.

Mon cher Chambardel,

. . . .

Le petit billet de ta femme me flatte infiniment puisqu'elle m'assure qu'elle s'occupe de moi. Assure-là, je te prie, qu'elle m'est toujours présente et que mon absence me fait sentir combien je lui suis attaché.

. . . .

L'Assemblée est fort occupée pour donner des lois aux émigrations et aux prêtres non assermentés, qui forment un grand trouble dans le royaume.

Le pain est augmenté ici de trois deniers, ce qui fait murmurer le peuple.

. . . .

DUBREUIL-CHAMBARDEL.

P. S. Ta lettre a éprouvé du retard parce que tu as mis rue Boucherie au lieu de rue Boucher.

Une lettre écrite quelque temps plus tard et que nous ne publions pas parce qu'elle est sans intérêt, donne sa véritable adresse. — Il était descendu rue Boucher, n° 2, petit hôtel de Normandie, dans lequel il avait loué une chambre.

Peu à peu Dubreuil s'installe à sa convenance dans son logement, et voici à cet égard, dans une lettre adressée à sa belle-fille, des détails assez curieux :

Paris, ce 19 décembre 1791, à 10 heures du soir.

J'ai reçu votre lettre, ma chère fille, qui m'a rempli d'une vraie satisfaction en m'apprenant que vous jouissez d'une bonne santé, votre fils et vous. L'inquiétude que vous marquez sur la mienne sera rassurée par ma lettre écrite à votre mari qui a sûrement croisé la vôtre. Ma santé est assez bonne, mais le nouveau genre de vie qu'il m'a fallu prendre, si totalement opposé à celui que j'ai toujours eu, m'a coûté et me coûte encore cher. Fait au grand air et au mouvement, me couchant à bonne heure, j'en suis réduit à aller de ma chambre à l'Assemblée, de l'Assemblée à ma chambre et obligé de me coucher tous les soirs à onze heures ou minuit. Hors de l'Assemblée, seul au milieu de Paris, peu de temps à moi pour entretenir ma correspondance, j'ai pris le parti de faire mon ordinaire, m'en trouvant beaucoup mieux. Jugez comme ma batterie de cuisine est bien montée ; ma cave se compose d'une barrique de vin, d'une barrique de cidre et du vieux cognac que j'ai eu par le moyen d'un ami. Mon bûcher est bien garni pour me chauffer jusqu'à la fin d'avril. Que mon pauvre Pierre que je baise de tout mon cœur, que je vous recommande, n'est-il en âge pour partager avec moi. L'occasion serait belle pour lui et pour moi.

Il y a lieu de croire que nous aurons la guerre. En conséquence, l'Assemblée s'y dispose, Paris est dans une grande fermentation et la demande fortement en criant : « Vivre libre ou mourir ! »

. . . .

Adieu, ma chère fille, croyez-moi, avec tous les sentiments d'un véritable ami, votre très humble et très obéissant serviteur.

DUBREUIL-CHAMBARDEL.

Dubreuil complète dans la lettre suivante les renseignements qu'il avait commencé à donner sur son ménage dans la précédente ; puis il raconte aussi quelle est la vie qu'il mène à l'Assemblée, combien on y est occupé :

Paris, ce 14 janvier 1792.

Madame et chère fille, j'ai reçu votre lettre..., etc. Je suis sensible à vos offres généreuses de votre batterie de cuisine, je voudrais bien en avoir quelque peu avec quelques couverts et du linge en conséquence, mais il faut m'en passer. Vous présumez que j'ai une gouvernante et dans le cas que je n'en ai point vous me conseillez d'en prendre une. Soit intérêt que vous y preniez ou curiosité assez ordinaire aux femmes, mon attachement pour vous ne me permet pas de me refuser à vous détailler l'ordre de mon ménage et ma façon de vivre :

J'ai un pot, deux casserolles, trois assiettes, deux plats, deux petites écuelles, deux verres, une cuillère d'emprunt, sans fourchette, ce que j'aurai promptement. Je fais mon fricot sans gouvernante et sans demoiselle de compagnie, et j'ai la volonté de m'en passer. Tout mon ménage est dans ma chambre, au premier, assez bien logé, bon bûcher, une barrique de vin pour le boire naturel, deux pots de cidre qu'un ami m'a fait venir de Normandie. Je fais quelquefois bonne chère, mais toujours mieux que dans les hôtels.

. . . .

Depuis que je suis ici j'ai toujours éprouvé une altération dans ma santé, maintenant je suis attaqué par les yeux qui, depuis quinze jours me font grand mal. Le nouveau genre de vie qu'il m'a fallu prendre m'a sûrement occasionné ce mal qui me gêne beaucoup. Être privé du grand air et se coucher toujours après minuit est le motif du mal de mes pauvres yeux. Jusqu'ici je n'ai pas perdu courage, par conséquent abandonné mon devoir. La guerre paraît vous inquiéter. Ces sentiments m'intéressent, puisqu'ils me démontrent votre attachement pour moi. . .

DUBREUIL-CHAMBARDEL.

Dans les trois lettres qui suivent, datées du mois de juillet et du commencement du mois d'août 1792, Dubreuil raconte quel est l'état d'agitation et de fermentation de la capitale. Plus on approche du 10 août, plus l'agitation augmente :

1er juillet 1792.

. . . .

Je dois tout mon temps à l'Assemblée, où il faut au moins passer dix heures par jour. La grande fermentation et la triste position où se trouve l'Empire ne peut laisser un seul moment libre à tous ceux qui ont le bien public en mains. L'orage est plus grand, ma chère fille, le volcan prêt à éclater. Quels en seront les effets? on n'en sait rien. Il ne peut y avoir que la fermeté et l'obéissance à la loi qui puissent sauver l'Empire.

Tout bon citoyen doit se tenir à son poste et préférer la mort à l'esclavage. Voilà ma résignation.

Je ne suis nullement effrayé des bruits de dissoudre l'Assemblée et d'égorger les vrais patriotes. Que de sang il faudrait qu'il coulât pour que ces desseins fussent exécutés! Les lâches qui veulent détruire tout périront ou ils anéantiront le plus beau royaume de l'univers.

DUBREUIL-CHAMBARDEL.

Paris, 7 juillet 1792.

. . . .

Paris est dans la plus grande fermentation, l'on craint que le sang ne coule à tout moment, il paraît que l'intention des malveillants est d'égorger tous les bons patriotes de l'Assemblée, je ne suis nullement effrayé de ces bruits, décidé à la mort plutôt que d'abandonner mon poste. L'orage est grand, jusqu'à quel point va-t-il nous permettre d'avoir le calme, on n'en sait rien, ainsi que du ravage qu'il fera. Tout l'Empire est levé qui veut la constitution ou la mort. Il arrive journellement des gardes nationales de toutes les parties de l'Empire. L'Assemblée, par un décret, a invité tous les bons citoyens à s'armer pour la défense de la liberté. La fédération qui se fera le 14 du courant sera immense, l'Assemblée doit envoyer au roi un message de soixante de ses membres pour lui représenter ses obligations et les droits de la nation.

Adieu, je vous embrasse.

DUBREUIL-CHAMBARDEL.

Paris, 6 août 1792.

. . . .

Paris continue à être dans la plus grande fermentation, à tout instant on craint que le sang ne coule, chacun étant continuellement sur le qui-vive. Le Roi a tenté dans la nuit de samedi à dimanche de s'enfuir, il en a été empêché et cinq de ses complices ont été arrêtés. On parle beaucoup de déchéance. Enfin les esprits sont montés à leur dernière période. Qu'en résultera-t-il? je n'en sais rien. Je suis résigné à tous les événements et les attends avec fermeté.

DUBREUIL-CHAMBARDEL.

Aussitôt après la journée du 10 août, Dubreuil-Chambardel écrit à son fils et la lui raconte dans les termes suivants :

Paris, ce 14 août 1792.[1]

Mon cher Chambardel, le calme commence à se rétablir dans la capitale ; chacun après une si grande fermentation reprend ses occupations ordinaires. Que la journée du 10 août est mémorable par les grands événements qui sont arrivés ! Ces événements doivent assurer notre Constitution et faire connaître à toute l'Europe ce que peut un peuple libre pour conserver sa souveraineté. La suspension du pouvoir exécutif était nécessaire pour assurer le bonheur de tous, il est si clair que la source de tous nos malheurs était chez celui, qui devait être le premier à défendre nos droits. Le pouvoir exécutif a voulu se perdre pour satisfaire à une aveugle passion du despote en se coalisant avec cet indigne complice. Les intentions de cet injuste Roi avec tous ses coopérateurs était de faire égorger tous les vrais amis du bien général de l'Assemblée. Le coup est manqué par la fermeté invincible des braves parisiens et des fédérés de tout l'Empire. O juste ciel ! que de sang a été répandu dans cette malheureuse journée ! Les coalisés avec les malheureux suisses qui ont été induits, par leurs pervers officiers, ont commencé la guerre civile. Ils ont fait feu les premiers ; on leur avait persuadé que tous les gardes nationaux se réuniraient à eux ; l'événement les a trompés ; les Parisiens et les fédérés ont fait main basse, tout ce qui s'est trouvé au château a péri ; on ignore le nombre des Suisses, des ci-devant gardes et des chevaliers du poignard morts ; on

[1] L'orthographe du député des Deux-Sèvres était très fantaisiste. Nous l'avons mise à peu près sur pied pour ne pas fatiguer le lecteur. Nous en donnons ci-dessous un échantillon :

Paris 14 aout 1792

Mon cher Chambardel le calme commance à se rétablir dans la capitale, chacun après une si grande fermantation reprand ces occupation ordinaire. Que la journée du dix aoust est mémorable par les grand evenemant qui son arivé ces evenemant doive assurer nostre institution et faire connaistre à toutte l'Europe ce que peut un peuple libre pour ce conserver sa souverenété. La sucepantion du pouvoir executif était nécessaire pour assurer le bonheur de tous, il est à clair que le (fait) de tous nos malheurs étai chez celui qui devait estre le premier a deffandre nos droits. Le pouvoir executif a voulu se perdre pour satisfaire a une aveugle passion du despote en ce coalizant avec cest indigne complice. Les intantion de cet auguste Roi avec tous ses coopérateurs était de faire égorger tous les vrai ami du bien général. de l'asamblée le coup est manqué par la fermetté invincible des braves parisien et des fédérés de touttes lempire. Aujuste ciel que de sans ces repandu dans cette malheureuze journée. Les coalizé avec les (malheureux) suice qui ont esté (induit) par leurs (pervers) officiers on commandé la guere civillé. Ils on fait feu les premiers on leur avait persuadé que tous les gardes nantionneau se reunirai à eux (L'évènement) les a trompé, les parisien et les fédéré on fait main basse. Tout ce qui cest trouvé au chateau a péri on ignore le nombre des suisses, des ci-devant garde et des chevalliers du poinart (poignard) morts on assure que dans ce nombre il y aurait des officiers generaux, marechaux de camp (était environ de sept

assure que dans ce nombre il y aurait des officiers généraux, maréchaux des camps et environ sept cents ecclésiastiques, bien des malheureux parisiens avec soixante fédérés marseillais on péri au premier feu que ces indignes révoltés ont fait. On n'est pas d'accord sur le nombre des morts, chacun dit seulement qu'il est grand et que la prise de la Bastille ne fut rien en comparaison de celle-ci.

L'Assemblée a renommé tous les ministres, il y a lieu de croire qu'ils feront tous leur devoir. Les Assemblées primaires sont convoquées pour nommer les électeurs et former les Assemblées électorales qui nommeront des députés pour former la Convention nationale. Il y a lieu de croire que les Assemblées électorales sauront mieux choisir pour s'assurer du patriotisme de leurs représentants, et se prémunir contre l'esprit de la cabale.

L'époque de la réunion de ces nouveaux députés est déterminée pour le 20 septembre. Fasse le ciel que tout l'Empire ne soit dirigé dans cette formation que par l'esprit du bien général d'où dépend tout notre bonheur ou notre malheur.

Je compte avoir le plaisir de vous revoir à la Saint-Michel.

. . . .

DUBREUIL-CHAMBARDEL.

P.-S. — Dans ce moment il vient de se répandre le bruit que dix mille prêtres retirés à Rouen avec les ennemis du bien public ont eu une affaire avec les patriotes, et que les patriotes ont été battus, c'est tout ce que je sais. Voilà donc le malheur de la guerre civile, que de sang va couler ! Ah ! malheureuse patrie quand donc seras-tu purgée de tous tes ennemis !

cens ecleziacetique) bien des malheureux parisiens avec soixante (fédéré marceloix (marseillais) on peri au premier que ces indigne (révolté)? on fait. On n'est point d'acort sur le nombre des mort, Chacun dit seulemant qu'il est grand et que la prize de la bastil ne fu rien en perte en comparaison de celle-ci.

L'assemblée a (renommé) tous les ministre (les min. girondins congédiés par le roi) il y a lieu de croire quil feron tous leur devoir. Les assamblées primaires sont convoqué pour nommer les ellecteurs et former les assemblées ellectorale qui nommeron des deputtés pour former la convantion nantionalle. Il y a lieu de croire que les assemblés électoralle sauront mieux choisir pour s'assurer du patriotisme de leur represantant et ce premier contre l'esprit de la cabale. L'époque de la réunion de ces nouveaux députés est déterminé pour le vingt septembre fasse le ciel que touttes lempire ne soit dirigé dans cette formation que part lesprit du bien general dou depan tout nostre bonneur ou nostre malheur.

. . . .

DUBREUIL-CHAMBARDEL.

P. S. Dans ce moment il vient de se repandre que dix mille prestre retiré à Roüan avec les ennemis du bien public ont eu une affaire avec les patriotes et que les patriotes ont est ébatu. C'est tout ce que je sais. Voilà donc le malheur de la guerre civille du sans qui va coullé au malheureuse patrie quand se ratu purger de tous les ennemis.

Le 22 et le 28 août, il prétend que moyennant des arrestations et des exécutions, le calme commence à renaître à Paris ; il relate la triste situation de nos armées à l'extérieur, et il annonce enfin que l'Assemblée législative a fini son mandat et que les assemblées électorales sont convoquées pour nommer les membres de la Convention.

Paris, ce 22 août 1792.

. . . .

Je n'ai qu'un petit moment à moi, mon cher Chambardel, après avoir passé la nuit à l'Assemblée, pour te dire que les droits féodaux sont abolis sous quelque dénomination que ce puisse être, à la réserve de ceux qui seront justifiés par le titre primordial de concession du fonds qui sont rachetables, justification que je regarde comme impossible.

. . . .

Le sang ne coule plus à Paris ; le calme renaît ; tous les jours on arrête quelques nouveaux conspirateurs. On a annoncé hier le traître Lafayette arrêté à Sédan ; la nuit du 20, on a arrêté vingt-huit non-assermentés : tous ces traîtres purgeront enfin le royaume de leur iniquité.

. . . .

DUBREUIL-CHAMBARDEL.

Paris, ce 28 août 1792.

. . . .

J'ai reçu, mon cher Chambardel, ta lettre du 15 courant, laquelle m'annonce toute votre inquiétude sur les événements du 10, événements à jamais mémorables et terribles par le sang qui a coulé.

Les perfides comptaient se porter sur l'Assemblée et égorger tous les amis du bien public, il ne peut être douteux que j'aurais été du nombre des victimes. J'ai toujours été décidé à répandre jusqu'à la dernière goûte de mon sang pour la liberté de ma patrie. Tu dois me connaître, rempli de ces sentiments qu'il sera toujours plus glorieux de mourir en homme libre que de vivre en esclave. L'Assemblée a conservé le calme et toute la fermeté au milieu des coups de canon et s'est élevée au niveau où elle devait être. Mon cœur n'a pas éprouvé aucune peine relativement à mon intérêt particulier, mais il est rempli de la plus vive douleur de tous les maux qui affligent notre malheureuse patrie. Tous les traîtres périront et la patrie saura se venger.

Hier, à minuit, un courrier a malheusement confirmé la prise de Longwy qui n'a soutenu l'attaque que 15 heures, et qui pouvait le faire six semaines, étant bien approvisionnée et ayant une garnison de 2300 hommes. Avec tous ces avantages, le lâche et traître commandant s'est rendu au roi de Prusse. Cette nouvelle a indigné tous les esprits; il a été décidé que Paris et les départements voisins feraient de suite un corps de 30,000 hommes pour voler aux frontières. 47 compagnies de canonniers volontaires dans Paris, doivent camper sous ses murs, se former et s'exercer à la manœuvre du canon et seront tous disposés à se réunir au camp de Soissons si les ennemis sont assez téméraires pour pénétrer dans la Champagne, ce que les politiques désirent, le regardant comme avantageux parce qu'ils se trouveraient en face de forces innombrables, et nos deux armées prêtes par conséquent à les envelopper de toutes parts.

La nation est levée, un cri général se fait entendre de toute part : la liberté ou la mort. La Convention nationale va avoir lieu le 20, époque où doivent se trouver les nouveaux représentants, que Dieu veuille que les Assemblées électorales aient fait un choix digne de l'Empire, car ils auront de grandes choses à faire et bien des obstacles à surmonter.

Je pense vous voir à la fin du mois.

Je compte partir aussitôt que la nouvelle Assemblée sera formée. Je prendrai des arrangements pour te porter de petits assignats.

Il se fait tous les jours des exécutions des traîtres de la journée du 10. Paris commence à redevenir calme sur ce grand événement. . . .

DUBREUIL-CHAMBARDEL.

Dubreuil-Chambardel partit de Paris aussitôt la fin des travaux de l'Assemblée législative; il vint dans les Deux-Sèvres, y resta trois semaines, pour s'occuper de sa réélection, fut élu membre de la Convention et rentra immédiatement à Paris, plein d'enthousiasme pour la liberté, fier de ce qui avait été déjà fait, et plein d'ardeur et de courage pour l'avenir; mais n'en déplorant pas moins les malheurs de la patrie. Il y avait à peine un mois que la Convention était réunie qu'il écrivait la lettre suivante :

Paris, 20 octobre 1792, l'an 1er de la République.

. . . .

Paris est toujours dans la fermentation; d'indignes agitateurs par leurs manœuvres perfides, bouleversent tout; à chaque instant on attend quelque commotion désastreuse. Des machinateurs voudraient au nom du peuple, influencer la Convention et diriger les lois. La Convention se tient ferme à la hauteur où elle doit être, la peur n'étant pas capable de l'effrayer, mais juge de l'animation que font ces mouvements. . . . . . et combien les hommes sont malheureux de faire leur propre malheur eux-mêmes ! Nos armées font des merveilles; enfin on a forcé l'ennemi à se retirer de la terre de la liberté. . . . .

DUBREUIL-CHAMBARDEL.

Le 27 octobre, il dépeint de la façon suivante la situation générale de Paris et de la Convention :

27 octobre 1792, an 4 de la Liberté.

. . . .

Nos armées font toujours des merveilles ; le général Custine a pris le 22, Mayence, ville considérable. Cent pièces de canon bordaient ses murs. Plusieurs magasins de provisions de bouche y sont trouvés, et nos troupes très bien accueillies par le peuple. Le général Dumouriez est entré en Brabant, les armées ennemies sont aux abois.

Dans leur retraite, les émigrés aux abois sont en exécration chez les puissances étrangères comme les ayant trompées. Ces lâches se repentent, il n'est plus temps ; les voilà proscrits, sans patrie, sans liens, errant parmi les nations qui les détestent, et sous le coup de la peine de mort s'ils contreviennent à la loi qui les bannit de la République, nous sommes dans une position bien importante pour nos ennemis. Il n'y a que dans Paris que la paix ne règne pas.

D'indignes instigateurs mal intentionnés veulent tout troubler et faire assassiner jusque dans la Convention même; à chaque instant l'on entend parler de sang et l'on craint quelque fâcheux événement.

Le 10 novembre, il annonce le succès des armées :

Paris 10 novembre 1792, l'an 1er de la République.

Je vous fais part qu'hier le général Dumouriez fit annoncer à la Convention qu'il avait le 6, remporté une victoire complète sur les Autrichiens et que cette victoire avait été suivie de la prise de Mons qui se trouve avoir 200 canons pour se défendre. Les Autrichiens ont perdu 4000 hommes, leur armée est totalement en déroute, nous avons perdu 300 hommes et 600 blessés. Voilà la route sur le point d'être toute libre. Notre position est tellement importante que tous les despotes coalisés tremblent et craignent que leur règne soit sur le point de finir et de voir la liberté se propager par toute l'Europe. La tranquillité commence à renaître à Paris.

. . . .

DUBREUIL-CHAMBARDEL.

Enfin sa lettre du 17 novembre 1792 est la première dans laquelle il est question du procès du roi. Dans sa volumineuse correspondance nous n'avons malheureusement trouvé que peu de lettres sur ces graves débats de la Convention ; nous citons néanmoins tout ce qui s'y rapporte et nous répétons ici ce que nous avons déjà dit plus haut, c'est que Dubreuil-Chambardel fut un de ceux qui votèrent la mort sans appel et sans sursis.

Paris, ce 13 novembre 1792, l'an 1er de la République.

. . . .

Paris commence à être un peu plus tranquille, tous les esprits sont tendus sur la grande question de savoir si l'on jugera Louis XVI oui ou non. Le comité de législation a fait un rapport sur cette question qui a déjà été discutée et continuera de l'être jusqu'à l'épuisement de tous les membres qui voudront parler pour ou contre. Comme ce rapport est de la plus haute considération, je te le fais passer.

Nos armées continuent journellement à gagner des batailles, faire des prisonniers et prendre des villes. La Flandre autrichienne est toute bientôt libre. Il y a lieu de croire que le règne des despotes est passé et que la liberté si naturelle à l'homme va se propager dans toute l'Europe.

. . . .

DUBREUIL-CHAMBARDEL.

Paris, 11 heures du soir, 7 décembre 1792.

. . . .

Tous les jours il est question du jugement du traître Louis XVI, il doit être traduit à la barre mardi pour y subir un interrogatoire. L'on craint quelque mouvement populaire. Nos séances vont depuis 10 heures jusqu'à 6 heures et après-dîner aller quatre fois par semaine au comité. Juge combien on peut avoir de temps à soi.

. . . .

DUBREUIL-CHAMBARDEL.

Mardi, 6 h. du matin, 11 décembre 1792.

. . . .

Je ne puis répondre à ta dernière lettre comme je te l'avais promis, n'ayant pas eu un seul moment à moi hier, depuis 10 heures jusqu'à minuit. Le temps de dîner seulement, il a fallu être à la Convention où s'est fait le rapport de l'interrogatoire que l'on doit faire subir aujourd'hui à la barre de la Convention à midi au traître et lâche Louis seize.

Tout Paris est dans la plus grande agitation à ce sujet, et l'on craint encore quelque événement malheureux.

. . . .

DUBREUIL-CHAMBARDEL.

Paris, ce 14 janvier 1793, l'an 2e de la République.

MON CHER CHAMBARDEL,

. . . .

Il faut que l'amour de la patrie soit bien profondément gravé dans mon cœur pour supporter tous les dégoûts que l'on essuie dans cette malheureuse ville où l'anarchie règne à un tel point que toutes les autorités constituées sont méconnues et les lois enfreintes, l'on ne parle que de sang et de poignard. Juge de ma vie qui se passe tout entière à la Convention parmi le tumulte et dans ma chambre remplie de ces réflexions. Combien les hommes sont malheureux de concourir eux-mêmes à leur propre perte au lieu de leur véritable bonheur. Voilà ma situation, quand finira-t-elle je n'en sais rien, je n'ai que des grâces à rendre au Ciel qui me favorise d'assez de forces pour ne rien craindre et ne voir que mon devoir qui me laisse toujours l'espoir de vous revoir avec la pure satisfaction de l'avoir rempli.

. . . .

DUBREUIL-CHAMBARDEL.

P. S. — Hier, jeudi, la discussion s'est ouverte sur le jugement de Louis à six heures et n'a fini qu'à neuf heures un quart et a été renvoyée à aujourd'hui. Toute la séance qui a été de onze heures a roulé sur deux objets auxquels on doit décréter le premier savoir si Louis est condamnable et si l'on renverra au souverain pour sanctionner. Les deux partis tellement échauffés pour savoir par lequel des deux l'on doit commencer. Juge la confusion où jette le peu de bonne foi des mal intentionnés. A la sortie d'une telle séance plus de cent voix criaient à haute tête : « A f... g... il faut vous égorger ! » quel spectacle pour les âmes généreuses et sensibles qui n'ont que le bien public en vue !

Le 5 mars Dubreuil-Chambardel se montre plus féroce que jamais, il veut la mort de tous les despotes.

Paris, 5 mars 1793, l'an 2 de la République.

. . . .

. . . . . La guerre est sur un pied où il faut que cette campagne décide du sort de l'Europe. L'embrasement est dans toutes ces parties, les peuples veulent partout la liberté; le Hainault, les Brabançons et les Liégeois sont journellement (acquis) à la République; il y a lieu de croire que la Hollande flamande le sera sous peu de jours; enfin nos armées sont partout victorieuses et font des progrès si rapides que la liberté se propage partout. Le règne des tyrans et des despotes est passé, il faut qu'ils périssent et que la liberté triomphe partout.

Nos plus cruels ennemis sont dans notre propre sein ; ils mettent tout en œuvre pour nous écraser, mais ils seront déjoués. De nouvelles scènes ont eu lieu à Paris où tous les épiciers ont été pillés. C'est une manœuvre de tous ces lâches intrigants. Plusieurs sont arrêtés; cette manœuvre était concertée avec celle de Lyon qui est en contre-révolution : mais les patriotes se sont émus et les ont déjoués. Paris paraît maintenant assez tranquille, on parle cependant toujours de poignard et de dissoudre la Convention. Les vrais amis du bien public ne sont point effrayés, au contraire fermement décidés à rester à leur poste. Juge de ma propre situation au milieu de tant d'orages et combien mon amour pour l'intérêt général en souffre. Nul intérêt particulier ne m'affecte, étant décidé avec fermeté à tout événement quelque sinistre qu'on les présente. Je pensais avoir le plaisir de vous voir dans le mois, etc. . . . .

Dubreuil-Chambardel.

Dans sa lettre du 16 mars, il demande instamment que dans une vente importante faite pour son compte, il soit stipulé qu'on lui enverra trois louis en argent. Il raconte, en outre, comment les prêtres vendéens cachaient sur eux les saintes hosties :

Paris, 16 mars 1793 — l'an 2 de la République.

Mon cher Chambardel,

J'ai reçu une lettre d'Alexis Dambas, négociant au port de Niort, par laquelle il me demande de lui vendre toute la paille de froment que j'ai à Sainte-Hilaire, tant vieille que nouvelle, ainsi que celle qui est à battre. Je lui ai répondu par ce courrier que je ne sais point le prix qu'elle vaut : elle doit être chère, mais que, connaissant sa probité qu'il m'offre ce qu'elle peut au juste valoir et que si le prix me convient je donnerai ordre de lui livrer. Mais comme tous ces délais pourraient entraîner trop de temps, donne-toi la peine d'y aller et t'informer ce qu'elle vaut. Il faudra la vendre, fais-toi représenter ma lettre, tu verras les conditions que j'y ai mises pour les botteleurs ; j'ai oublié d'en mettre une autre qui est celle de trois louis en argent effectif que j'aurai besoin que l'on me fasse passer de suite en les mettant à la messagerie. La vente doit être favorable en ce que le quartier général de l'armée doit être à Niort. C'est une affaire malheureuse que nous a suscitée tous ces lâches émigrés et prêtres déportés qui coûtera bien du sang. Nous avions plus de cent mille hommes dans ces pays malheureux. La Convention apprend avec satisfaction combien le patriotisme du département se manifeste par le grand nombre des amis de la liberté qui volent au secours de nos frères malheureux. On a déjà fait plus de deux ou trois mille prisonniers, parmi lesquels sont plusieurs chefs et prêtres sur lesquels on trouve des boîtes de fer blanc remplies d'hosties vraisemblablement pour communier ces malheureux fanatiques.

J'espère que tu auras revu M. Labbé pour mes bœufs.

Donne-moi des nouvelles de tout ce que tu fais, je vous embrasse et suis ton véritable ami.

DUBREUIL-CHAMBARDEL.

Une lettre fort curieuse du 15 avril parle de la trahison de Dumouriez et relate en même temps la situation intérieure de la Convention :

Paris, ce 15 avril 1793, l'an 2 de la République.

Mon cher Chambardel,

J'ai reçu ta lettre laquelle m'annonce les risques que tu as courus dans le voyage que tu as fait à Beauvais et me fait entrevoir que sans la bonté de ton cheval que tu courrais les événements malheureux de perdre la vie. Je t'avoue que ta lettre m'a pénétré de la plus vive amertume de ton accident, d'autant plus que le danger que tu as couru n'était occasionné que par un voyage fait pour moi. Lève-moi d'inquiétude sur les suites que ce triste événement a eues.

Tu m'annonces avoir vendu deux bœufs ,as-tu réservé le prix ? Faudra-t-il les remplacer oui ou non ? Sont-ce les deux venant de Messe, (*sic*) qui sont vendus ou les deux rouges et noirs ? J'ai écrit à Dambas pour accepter tes offres.

La trahison du lâche Dumouriez se découvre tous les jours. Grand nombre de ses complices sont découverts. Il y a même lieu de craindre qu'il n'y en ait jusque dans la Convention. La liberté et la République ont couru de grands dangers. Il faut espérer que tous les traîtres seront déjoués et la patrie sauvée. Les scènes du 10 mars qui avaient pour but d'égorger une partie de la Convention paraissent encore vouloir se renouveler. Deux partis en forte opposition, dans la Convention s'accusant réciproquement de trahison font beaucoup craindre qu'il n'en résulte quelque chose de fâcheux pour l'intérêt général. La majorité est pure et saine et a les meilleures intentions, mais les traîtres et les intrigants qui ne voient que leurs intérêts personnels peuvent faire beaucoup de mal. Tous les gens de bien qui n'ont que l'amour de la patrie en vue, sont dans la plus cruelle alternative sur tous nos maux. Cruelle position pour des hommes de bien d'être continuellement obligés de lutter contre l'intrigue et l'ambition. Pour moi, je l'avoue franchement, je suis au-dessus de toutes ces craintes, mon courage ne m'abandonnera pas quels que soient les événements, mais je ne puis pas convenablement compter sur mes forces qui s'épuisent par l'âge, l'amertume et le travail de la Convention (qui est de 14 heures par jour). Enfin j'emploierai tout ce qui est en moi pour rester fidèle à ma patrie.

Deux décrets viennent d'être rendus. Le premier porte peine de mort contre quiconque proposera la royauté et de dissoudre la Convention. Le second que l'argent n'est plus marchandise et porte peine de six années de fer contre ceux qui le vendront et l'achèteront. Ces deux lois doivent être sûrement exécutées. Ici un particulier a été guillotiné pour avoir parlé de rétablir la royauté.

Embrasse pour moi, mon ami, ta femme et tes enfants; je crains que cette douce jouissance ne soit pas pour moi. Je suis ton véritable ami.

DUBREUIL-CHAMBARDEL.

Le 18 mai, sa lettre concerne le soulèvement de la Vendée :

Paris, ce 18 mai 1793.

....

Je n'ai reçu qu'hier, mon cher Chambardel, ta lettre datée de La Mothe, laquelle me confirme les dangers dans lesquels vous êtes par la trahison du lâche Quétinault sans laquelle les révoltés n'auraient pas pris Parthenay. Je me plais à croire que le civisme et la bravoure de nos concitoyens les auront tous réunis pour empêcher l'ennemi de passer outre jusqu'au moment que les grandes forces qui sont en chemin soient arrivées. Elles seront si considérables qu'elles formeront une armée d'au moins quatre-vingt mille hommes. Si, maintenant l'ennemi n'a pas pénétré jusqu'à Saint-Maixent, il n'y a point à douter de sa retraite prompte et certaine. Notre canton sera à couvert de l'invasion de ces hommes fanatisés conduits par des brigands qui ne peuvent manquer d'être vaincus et punis de tous leurs forfaits. Instruis-moi chaque courrier de votre situation, donne-moi des nouvelles du citoyen Pairault, je suis inquiet sur son compte. Paris est toujours dans la fermentation.

Adieu, je suis pressé, je vous embrasse tous et suis ton véritable ami.

DUBREUIL-CHAMBARDEL.

Le 25 mai, nous trouvons une lettre fort curieuse, qui relate dans tous les détails, le coup de force projeté contre les députés girondins. Ce coup de force qui réussit au 31 mai avait échoué huit jours auparavant.

Dubreuil-Chambardel s'élève dans sa lettre avec une grande violence contre les projets des assassins.

Paris, ce 23 mai 1793.

MON CHER CHAMBARDEL,

Des nouvelles très rassurantes sur la situation de notre département me tirent de la profonde inquiétude dans laquelle j'étais sur les dangers imminents où vous étiez par la crainte de l'invasion des brigands révoltés. Ces inquiétudes cessent et il y a tout lieu de croire que les grandes forces qui se sont portées de toutes parts contre ces traîtres à leur patrie, seront promptement détruites. Le lâche et traître Quétinault vient d'être mis en accusation et supportera la peine de tous ses forfaits.

Nous apprenons tous les jours que les armées extérieures ont l'avantage sur l'ennemi. Tous les despotes coalisés qui voient qu'ils ne peuvent nous vaincre par la force, emploient tout ce qui est en eux pour exciter entre nous la guerre civile et nous faire tous entregorger. Ici différents scélérats fomentaient sourdement une grande conspiration qui devait lundi dernier, à deux heures du matin commencer d'éclater; voilà ce qu'elle avait pour but : ces conjurés devaient commencer par enlever trente-trois membres de la Convention, les égorger, et de suite répandre qu'ils étaient émigrés, faire paraître une prétendue correspondance avec Pitt, ensuite faire sonner le tocsin, échauffer les esprits en déclarant que tous les membres de la Convention étaient des traîtres, qu'il fallait se porter sur eux et s'en défaire, ensuite mettre en arrestation comme suspects huit mille citoyens désignés par une liste. Si tous ces abominables projets au moment même de leur exécution n'eussent pas été déjoués par le génie qui veille à la conservation de notre liberté, c'en était fait, elle était perdue, notre immense territoire n'aurait plus été qu'un vaste désert couvert de sang. Voilà donc encore l'intrigue des malveillants et de ces hommes perfides déjouée. Un comité formé est chargé d'examiner tous ces faits et d'en poursuivre les auteurs.

Juge, mon ami, de la situation où se trouvent des hommes de bien qui n'ont en vue que le bien général, tant de forfaits et de conspirations seraient bien faits pour effrayer tous ceux qui ne seraient pas sincèrement décidés à tous les événements. Pour moi, grâce au Ciel, mon cœur n'a été sensible que pour les intérêts généraux.

Adieu mon ami, je vous embrasse tous.

DUBREUIL-CHAMBARDEL.

Les lettres suivantes racontent la journée du 31 mai et ses conséquences au point de vue de la tranquillité de Paris et de la Convention ; c'est la première lettre dans laquelle s'adressant à sa belle-fille, il remplace le mot Madame par celui de citoyenne. Après la défaite de la Gironde, il passe à la Montagne.

Paris ce 1er juin 1793.

MON CHER CHAMBARDEL,

Je n'ai qu'un petit moment pour te dire qu'hier l'orage qui se faisait sourdement sentir depuis plusieurs jours a éclaté de façon à effrayer tous ceux qui n'auraient pas été décidés à tout événement.

A deux heures du matin, le tocsin a partout sonné, les barrières ont été fermées et le canon d'alarme a tiré. Juge du mouvement et de l'inquiétude de tout Paris. Chacun se demandait qu'y a-t-il? Les uns disaient: la Convention est pleine de traîtres, il faut s'en assurer, les autres disaient: il y en a cent vingt de partis de cette nuit, d'autres, qu'il y en avait d'arrêtés dans leur fuite. Tous ces faits ne faisaient qu'inquiéter, chacun se rendait à son poste, mon premier mouvement m'y a fait voler, mais que de tristes réflexions m'accompagnaient sur les malheurs de notre pauvre patrie que tout paraît vouloir détruire; cette insurrection paraissait être le sinistre présage d'un jour où le sang devait couler. Toute la force armée était sur pied et contre l'attente le jour a été assez calme. Des patrouilles considérables et une garde immense qui entouraient la Convention ont maintenu l'ordre et nous ont procuré la tranquillité qu'on ne devait pas espérer le matin.

Tout le jour a été pour ainsi dire, passé à la Convention à entendre des pétitions des autorités constituées qui demandaient la suppression du comité des Douze et que ses membres fussent envoyés au tribunal révolutionnaire. On a également demandé un décret d'accusation contre douze membres de la Convention qu'on regarde comme suspects d'intelligence avec les proscrits il y a déjà longtemps. Voilà le motif qui a donné lieu à cette insurrection.

La Convention a supprimé le comité et renvoyé au comité de Salut public pour le surplus et d'en faire son rapport. Un des membres de ce comité des Douze avait été cité à la barre pour être suspect d'intelligence avec les révoltés de la Vendée. Point de doutes qu'il n'y ait des traîtres dans la Convention et que les plus grands de nos maux sont là.

Aujourd'hui la Convention doit envoyer une proclamation par des courriers extraordinaires à tous les départements et les armées pour les prévenir de ce qui s'est passé hier. j'espère que le jour sera assez tranquille, Paris est maintenant sans mouvement ce qui annonce cette tranquillité, il faut espérer que cette même tranquillité passera dans la Convention qui en a grand besoin. Depuis plusieurs jours il semble que plusieurs mauvaises têtes veulent tout perdre.

En quelle situation êtes-vous maintenant? Niort est-il pris ou assiégé par les ennemis? ce que je crains; j'attends avec une grande impatience le courrier d'aujourd'hui pour savoir la vraie situation des choses. Hier je fus informé qu'un corps de huit à dix mille hommes s'avançait au secours de Niort, mais cela ne me tire pas d'inquiétude sur le sort de nos frères, quoique par les mesures prises, il n'y ait pas de doute à faire sur la destruction entière des révoltés.

Adieu mon ami.

DUBREUIL-CHAMBARDEL.

Paris, ce 8 juin, 1793, l'an 2e de la République.

CITOYENNE, CHÈRE FILLE,

Votre lettre m'annonce toujours la triste situation où se trouve votre mari, l'amertume dont mon cœur est rempli en prendrait de l'accroissement s'il pouvait en contenir davantage, que Dieu soit loué et le rétablisse promptement.

Nous sommes dans des temps bien malheureux, chère fille, la guerre civile paraît vouloir tout dévorer et anéantir. Notre propre pays n'est pas le seul qui se trouve ravagé par ce fléau destructif du genre humain. La ville de Lyon et le Cantal éprouvent le même fléau, Marseille est fortement agité, on parle également de Toulouse; ici pendant trois jours tout Paris a été dans la plus grande fermentation, la force armée debout, on craignait que le sang ne coulât. Les choses se sont passées sans sang répandu. Cette grande insurrection s'est terminée par l'arrestation de trente membres de la Convention. Tous les bons esprits craignent que cela ne fasse un mauvais effet dans les départements. Tous ces membres demandent à être jugés, sont-ils criminels ou innocents? c'est ce que le temps nous apprendra. Mais ici tout est dans la consternation. Juge de ma propre situation, n'ayant que l'amour du bien public en vue, obligé de rester continuellement en garde contre l'intrigue qui voudrait tout détruire. Ah! patrie, malheureuse patrie qui renferme dans ton sein tant de scélérats qui voudraient t'anéantir, que ne te purges-tu de tous ces monstres dévastateurs!

Vous me parlez de mes prés, que votre mari en fasse ce qu'il voudra ou les prenne pour son compte; nous en réglerons le prix à mon retour s'il a lieu, ce dont je ne puis me flatter maintenant dans l'ordre où sont les choses. Mon esprit ne s'en trouve point affecté me livrant tout entier à l'intérêt général, c'est le devoir d'un bon citoyen, je n'y manquerai jamais, nulle crainte ne me fera abandonner mon poste, mes enfants n'auront jamais à rougir de mon nom et d'être les enfants d'un lâche, traître à sa patrie.

Adieu chère fille, embrassez pour moi votre mari et vos enfants. J'espère que votre première lettre m'apprendra le rétablissement de votre mari et croyez-moi votre véritable ami.

DUBREUIL-CHAMBARDEL.

Au mois de juin, la Convention s'occupait de voter la constitution révolutionnaire, et Dubreuil, dans la lettre suivante la regardait comme le plus grand bienfait qui pût arriver au monde.

Paris, ce 15 juin 1793, l'an 2e de la République.

. . . .

J'ai reçu, mon cher Chambardel, ta lettre qui m'a rassuré sur l'impression qu'avait faite sur moi la lettre de ta femme en me parlant de l'état fâcheux où tu étais tombé. Te voilà donc tiré d'affaire, j'en ressens une vraie satisfaction. N'aie pas d'inquiétudes sur mon compte, je suis au-dessus de tous les dangers, rien ne peut affecter mon intérêt individuel, je n'ai des yeux et du cœur que pour voir les intérêts et les maux de notre malheureuse patrie. Elle est déchirée dans plusieurs points par la guerre civile. Partout les traîtres et l'intrigue mettent tout en œuvre pour ouvrir le précipice qui doit engloutir la liberté. Périra-t-elle, non. Les malveillances seront déjouées et punies de tant de forfaits.

L'arrestation de trente membres de la Convention chez eux, a fait connaître de grands projets perfides. Plusieurs se sont sauvés; Brissot a été arrêté à Moulins porteur d'un faux passeport où il avait caché son nom. Hier, il a été rendu un décret d'accusation contre Brissot. Maintenant dans le Calvados où les administrateurs du département ont violé la représentation nationale en faisant mettre en état d'arrestation deux de nos collègues envoyés à l'armée de Cherbourg.

Plusieurs lâches députés ont abandonné leur poste, les uns par la peur, les autres pour exciter la guerre civile dans leurs départements.

Aujourd'hui l'appel nominal doit se faire pour faire connaître ceux qui ont lâchement abandonné leur poste. (Une ligne effacée).

. . . .

Paris commence à rentrer dans le calme après trois jours de suite du plus terrible orage qui s'est terminé en se déjouant encore une fois de l'intrigue.

Le comité de Salut public vient de faire le rapport d'un projet de constitution qui doit faire le bonheur de tous les amis du bien public. Cette constitution est regardée comme le plus grand remède que l'on puisse aujourd'hui appliquer à tant de maux. La discussion en est ouverte et se continue tous les jours jusqu'à son achèvement. Elle sera vraisemblablement finie pour le plus tard à la fin du mois et sera envoyée de suite au souverain réuni en assemblée primaire pour l'accepter ou la rejeter. Plusieurs articles en sont décrétés en y comprenant le chapitre six en entier de la représentation nationale. Tu sais qu'ils ont été par la discussion modifiés ou augmentés. Je te fais passer ce grand ouvrage qui justifie si bien les droits de l'homme et sa souveraineté.

Tu me parles de mes prés, je m'en suis expliqué avec ton épouse dans ma dernière lettre, donc je te laisse le maître, fais comme tu voudras.

Adieu, mon cher Chambardel, je vous embrasse tous et me crois ton véritable ami.

DUBREUIL-CHAMBARDEL.

Les lettres qui suivent ont trait aux événements de Vendée et de Bretagne. La dernière dénote un sentiment assez curieux, c'est la peur qu'avaient ceux qui avaient voté la mort du roi d'être les premières victimes des révoltés, si ceux-ci venaient à être victorieux. La fin de la lettre est également curieuse, car Dubreuil invite sa belle-fille à donner à ses petits-enfants la constitution comme première instruction : Elle formera, dit-il, leur vertu et fera leur bonheur.

Paris, ce 24 juin 1793.

. . . .

La Constitution est enfin finie; Paris paraît au calme; on est très sérieusement occupé de la guerre civile de la Bretagne et de nos départements de la Vendée et des Deux-Sèvres. C'est le seul danger qui nous menace aujourd'hui; il est grand, mais il faut espérer qu'il finira.

Le général Biron est en mouvement avec 25000 hommes et combine avec l'armée de Tours qui est de 25000 hommes aussi, et celle du général Chandos qui est de 10000 hommes. Ces trois armées, formant 60000 hommes, agiront de concert pour tomber sur l'ennemi.

Lille fait partir un corps de 12000 hommes pour se joindre à celui que fait partir Paris et les départements environnants. Cela composera une force si imposante, qu'il y a lieu de croire que ces révoltés seront détruits dans tous les points qu'ils occupent. Mais, juste Ciel! Que de sang qui a coulé et qui va couler! C'est le sang des Français qui s'entre-déchirent entre eux. Voilà les effets que des monstres et même de la Convention ont fomentés.

Adieu etc. . . . .

DUBREUIL-CHAMBARDEL.

P.-S. — Il y a lieu de croire que la Constitution adoptée, notre mission sera remplie et qu'une nouvelle législature nous remplacera. Les assemblées primaires, instruites par l'exemple, seront plus délicates dans leurs choix et sauront se prémunir contre l'intrigue. J'attends cet heureux moment, s'il arrive, avec impatience et la douce satisfaction d'avoir fait mon devoir parmi les poignards et les plus grands dangers.

Paris, ce 27 juin 1793.

CITOYENNE, CHÈRE FILLE,

J'apprends par votre lettre avec une vraie satisfaction le rétablissement de votre mari ; je lui ai écrit par le même courrier. Je suis charmé que votre mère se soit enfin déterminée à aller demeurer avec vous ; c'est une vraie satisfaction que vous devez avoir toutes les deux. Je voudrais bien la partager avec vous, mais nous sommes dans des temps si malheureux, que je n'ose l'espérer.

La guerre civile qui embrasse différentes parties de la République paraît s'y opposer par les événements qui peuvent en résulter; ne nous flattons pas, car si tous les traîtres et révoltés avaient les succès qu'ils se proposent, leur premier projet de vengeance serait de poignarder tous ceux qui ont eu assez de fermeté pour faire tomber la tête du tyran et détruire la royauté. Ne vous imaginez pas que nulle crainte m'entre dans l'esprit, mais il faut de sang-froid s'attendre à tous les événements, quels qu'ils soient, et suivre sa propre destinée. Mon cœur ne peut être affecté que par tous les malheurs qui dévorent notre malheureuse patrie.

Enfin, en dépit de tous les lâches, la Constitution est finie ; je vous en envoie un exemplaire ; réjouissez-vous chère fille ; qu'elle doive faire la première instruction de vos enfants, elle formera leur vertu et leur bonheur. Heureux les hommes qui vivront sous un tel Ciel !

Je suis bien sensible au souvenir de votre mère, dites-lui mille choses honnêtes de ma part.

Je vous embrasse tous et suis votre véritable ami.

DUBREUIL-CHAMBARDEL.

Dans les lettres suivantes, il raconte que la Convention, qui avait été sur le point de se séparer, est décidée à rester à son poste ; puis il parle de la guerre civile :

Paris ce 11 septembre 1793, l'an 2e de la République.

MON CHER CHAMBARDEL,

. . . .

Me voilà donc encore frustré de l'espérance que les Assemblées primaires pourvoiraient à notre remplacement par le corps législatif. Tous les vrais patriotes paraissent se réunir et n'avoir qu'un même vœu en déclarant à la Convention « vous avez sauvé la patrie ; elle est encore en danger, votre mission n'est pas terminée ; restez donc à votre poste, vous seuls pouvez la sauver. Vous déjouerez l'intrigue et les malveillants qui comptent sur votre renouvellement. » Quelque satisfaction que j'eusse eue à me rapprocher de vous, je mets tous dangers, tous intérêts personnels, toutes satisfactions à l'écart pour ne voir que les intérêts généraux de la République ; c'est le devoir du véritable citoyen, je le remplirai dût-il m'en coûter plusieurs vies si je les avais. Vous n'aurez jamais à rougir d'être les enfants d'un père qui a haï ses devoirs ; et s'il a fait peu, du moins a-t-il fait tout ce qu'il a pu, par conséquent, rempli sa mission ; j'attendrai avec patience et fermeté que le ciel nous donne le calme dont nous avons si grand besoin.

La ville de Marseille a reconnu ses erreurs et est rentrée dans le devoir. Tous les lâches conspirateurs sont disparus.

Toulon vient de commettre le plus grand de tous les forfaits en livrant son port aux Anglais et les recevant dans son sein. Les départements voisins en sont tellement indignés, qu'ils se sont levés en masse et joints à la petite armée du général Cartaux, qui est par ce moyen, composée de 40,000 hommes, qui maintenant bombardent cette ville rebelle, qui sûrement supportera la peine de son forfait, et tous les traîtres seront détruits.

La superbe ville de Lyon est maintenant réduite en cendres ; 25000 hommes du Puy-de-Dôme sont partis avec des provisions pour 4 jours pour se réunir à l'armée qui la bombarde et finit de la détruire.

Nous avons appris hier que 4000 hommes de l'armée de la Vendée avaient battu 15000 des révoltés ; 2000 sont restés sur le champ de bataille. Il y a lieu de croire que ce malheureux pays sera bientôt purgé de tous ces brigands. Voilà bien du sang qu'il en coûte, mais quelques efforts que fassent tous ces traitres, la république va son train.

Le lâche Pétion a été arrêté, embistoqué et conduit ici pour y recevoir le prix de tous ses forfaits.

Hier sont arrivées ici, cinq voitures à quatre chevaux chargées de lingots d'or et d'argent, arrêtées proche de Lille comme elles voulaient passer à l'étranger. L'on dit que ces lingots viennent d'Espagne.

Paris est assez tranquille, quoique toutes choses soient d'un prix excessif.

. . . .

DUBREUIL-CHAMBARDEL.

Paris, ce 28 septembre 1793.

. . . .

De toutes les parties de la République, les voix s'élèvent pour déclarer à la Convention qu'elle doit rester à son poste jusqu'à la paix ou que la patrie soit hors de danger. Quelque désir que j'aie de me rapprocher de vous, je suis fortement décidé à remplir mon devoir. Je resterai à mon poste avec toute la fermeté d'un vrai républicain dont les actions justifieront le civisme.

La Convention est journellement informée de la découverte de nouveaux conspirateurs. Le lâche général Mouchard a été mis en état d'arrestation. Près de mille depuis peu de jours ont été arrêtés.

On a ici beaucoup d'inquiétude pour les subsistances de première nécessité. Elles sont d'un prix excessif. La Convention doit aujourd'hui en déterminer le maximum. Je crains que cette taxe ne produise pas tout le bon effet que l'on attend. Les malheureuses circonstances dans lesquelles nous sommes et la cupidité forcent à des décrets de circonstance pour mettre un frein à l'avarice des hommes qui ne voient que leur propre intérêt.

D. C.

Paris, ce 24 novembre 1793.

..... La Convention a été informée que les rebelles de la Vendée sont détruits; que Dieu soit loué! Voilà donc cette malheureuse guerre finie. On a dégagé huit mille prisonniers qu'il y avait dans les différents endroits d'où on les a chassés. . . . .

D. C.

La lettre suivante est la première datée absolument selon le calendrier républicain. Elle parle de la guillotine avec une certaine désinvolture.

Paris, le 10 de la 1re décade
du 3e mois de l'an 2e de la République.
(4 décembre 1793).

MON CHER CHAMBARDEL,

. . . .

Ici, la guillotine est dans la plus grande activité ; hier, Barnave ex-constituant y fut conduit avec Duport ex-ministre. Plusieurs députés sont sur le point d'y aller faire un tour.

Paris est tranquille, l'argent abonde à la caisse pour l'échanger contre des assignats ; beaucoup les préfèrent à l'argent ; le tout va de pair. . .

DUBREUIL-CHAMBARDEL.

Les quelques mots qui suivent ont rapport à la guerre de Vendée.

Paris ce 24 décembre 1793 (vieux style)
L'an 2 de la république.

. . . .

Les affaires de la Vendée sont enfin sur le point d'être terminées, les brigands sont de toutes parts battus et mis dans une telle déroute qu'ils ne savent plus de quel côté se retourner ; ils se sauvent partout par petites troupes ; on les suit partout. On les chasse dans les bois comme des bêtes fauves. Que Dieu soit loué! Voila tous ces grands conspirateurs de Lyon et de la Vendée détruits ; il n'y a plus que Toulon qui supportera certainement le même sort. . . . . . .

D. C.

Nous n'avons pas cru devoir passer sous silence les lettres suivantes qui constatent la disette réelle qui existait alors, et qui affirment qu'il fut sérieusement question d'imposer au pays un jeûne général.

Paris, le 4 ventôse, l'an 2 de la République
(26 février 1794)

. . . .

Paris est dans l'inquiétude : la malveillance met tout en œuvre pour travailler les esprits ; la viande manque, on ne peut en avoir ; tout est d'un prix excessif ; malheureusement encore on ne peut en avoir. Que je suis heureux d'être sobre sans être délicat ! Hier la Convention a décrété un nouveau mois de maximum, conformément à un nouveau tableau dressé sur le pied que chaque chose valait dans le district en 1790, en y ajoutant un tiers en sus et le prix du bénéfice pour le marchand avec le prix de voiture et de transport. Il est question d'un jeûne général pour toute la République. Il est question d'en déterminer les époques ; sans cette difficulté, il aurait été décrété hier. Réjouis-toi, les vrais républicains doivent faire tous ces sacrifices pour les intérêts généraux de la patrie ; ceux qui ont l'amour de la patrie dans le cœur doivent fournir la viande pour nos frères qui combattent généreusement pour la liberté. Nous qui sommes dans l'intérieur, du pain doit nous suffire pendant ces temps malheureux.

L'homme qui désire la liberté, doit avoir la civique économie pour son existence. Les Américains nous en ont fourni un généreux exemple.

D. C.

Paris, le 7 ventôse, l'an 2 de la République,
(1 mars 1794).

CITOYENNE, CHÈRE FILLE,

. . . . . Nous sommes ici forcés au jeûne ; point de viande et tout hors de prix et très rare... »

D. C.

Dubreuil fit partie au mois de novembre 1794 de la Commission des vingt-et-un ; la lettre suivante dit, en effet, combien il y était occupé.

Paris, le 18 brumaire, l'an 3 de la République.

MON CHER CHAMBARDEL,

J'ai reçu ta lettre ; je suis très sensible à l'intérêt que tu me démontres prendre à ma santé qui est un peu meilleure. Je suis sans fièvre ; nulle douleur ne se fait sentir ; mon appétit revient sans dégoût, mais je suis sans forces et tellement épuisé, que je crains de ne pouvoir me rétablir de tout l'hiver. Mon courage me fait assister tous les jours deux fois à la Commission des 21. Cette opération est de 12 heures par jour. Je pense qu'elle va finir sous trois jours, ce dont je serai bien aise, car mes forces ne pourraient pas y tenir.

. . . .

DUBREUIL-CHAMBARDEL.

Hier un nouveau décret fut présenté pour établir un maximum sur les grains, foins et pailles. Le 1er article est décrété que l'on prendra pour prix moyen ce que les grains ont valu en 1790 et que l'on augmentera des 2/3 en sus. Par exemple ce qui valait en 1790, 9 francs, vaudra 15 francs ; et ce qui valait 12 francs, vaudra 20 francs.

10 novembre 1791.

Une des plus curieuses lettres est à coup sûr la suivante, car elle prouve que ce législateur, membre de deux assemblées, qui habitait Paris depuis quatre ans, se chaussait encore de sabots, et allait à la Convention en sabots :

Paris 7 frimaire, l'an 3 de la République

AU CITOYEN DUBREUIL-CHAMBARDEL,

. . . . Ma santé est toujours très faible ; je suis sans fièvre et ne souffre aucune douleur, que les pieds qui m'enflent jusqu'au point que dans la Convention, je suis forcé de les avoir hors de mes sabots. Il faut souffrir pour faire les premiers cent pas. . . . .

Je suis forcé, pour faire les différentes commissions qui me sont données de divers côtés, de prendre une voiture ce qui revient dispendieux et désagréable.

Je vous embrasse tous du meilleur de mon cœur et suis ton ami.

DUBREUIL-CHAMBARDEL.

Dans les lettres suivantes, de septembre et d'octobre 1795, Dubreuil prévoit que la Convention va finir ses travaux ; il se trouve trop fatigué et il ne veut pas solliciter un nouveau mandat ; il aspire à rentrer chez lui, et il y rentrera, dit-il, avec la satisfaction d'avoir fait tout ce qu'il pouvait pour la patrie.

Paris, le 3e jour supplémentaire de l'an 3e.

. . . .

Je suis surpris des difficultés que ceux à qui je dois font de recevoir, il faut attendre ma rentrée qui j'espère sera prompte, car j'ai tout lieu de croire que les électeurs n'auront pas d'idées sur moi ; dans le cas où ils en auraient, je compte écrire à ceux qui représenteront notre canton à l'Assemblée électorale que mon grand âge et quatre années toujours sous le fer des assassins, ont tellement épuisé mes forces physiques et morales, que je ne peux être propre pour être nommé au Corps législatif. Il parait que les brigands vous inquiètent, puisque tu me dis qu'ils ont paru à Jazeneuil. Il y a lieu de croire qu'ils ne se porteront que dans les lieux connus ; il est toujours de la sagesse, comme tu le dis, de prendre de sages précautions.

. . . .

DUBREUIL-CHAMBARDEL

Paris, le 2 vendémiaire, l'an 4 de la République.

. . . .

Hier il fut décrété que les Assemblées primaires s'assembleraient le 20 et le Corps législatif le 15 du mois suivant. J'espère être de retour le 20 brumaire, car j'ai tout lieu d'espérer de n'être pas conservé, par mon grand âge et mes infirmités. Quatre années toujours sous le fer des assassins ont tellement épuisé mes facultés physiques et morales que j'ai besoin de repos. Il m'a fallu tout mon courage et mon amour pour la patrie pour rester à mon poste auquel j'aurais plutôt sacrifié mille vies que de l'abandonner. Mais le temps est venu pour que mon remplacement se fasse, ce que je désire ardemment. Que ma satisfaction sera douce de rentrer dans nos foyers avec cette assurance de conscience qui ne me fera jamais de reproche de n'avoir pas fait tout ce que je pouvais pour la patrie.

. . . .

DUBREUIL-CHAMBARDEL.

Enfin, voici la dernière lettre que Dubreuil écrivit avant de rentrer dans ses foyers ; elle relate les dernières convulsions de la Convention :

Paris, le 25 vendémiaire, l'an 4 de la République.

. . . .

Tu m'annonçais une affiche concernant Laugerie ; je ne vois rien, ce qui me fâche, car j'aurais bien désiré de voir comment les choses ont été au juste ; j'aurais peut-être acheté cette propriété, dans le cas où son prix n'aurait pas excédé les engagements que je peux prendre et que je pourrai porter jusqu'à 300000 livres. Les rentrées faites, celles à faire, la vente de mes grains et les fonds que je puis avoir par devers moi assemblés, les ressources que je peux trouver, me permettraient de marcher jusqu'à ce point . . . .

Mes forces sont épuisées ; est-ce surprenant ? La violente crise qui vient de se passer, où j'ai passé trois jours et trois nuits de suite à mon poste, n'ont certainement pas rétabli ma santé. Qu'il m'a fallu de courage pour rester au poste où mon devoir et l'honneur l'exigeaient. Mais, que l'exemple qu'a donné la Convention était grand et beau, quand autour d'elle le sang coulait et le canon tirait, que chaque membre jurait de mourir à son poste, plutôt que de l'abandonner ! Les conspirateurs ont été vaincus ; leur dessein était, s'ils eussent vaincu, de poignarder toute la Convention et de proclamer la royauté. Mais ces lâches conspirateurs ont manqué leur coup, quoiqu'ils persistent toujours dans la perfidie de leur dessein. Hier Saladin et Robert, deux de nos collègues, ont été mis en état d'arrestation, comme étant bien prouvé qu'ils agissaient de concert avec les conspirateurs Ils se sont sauvés en prenant la fuite

Juge, mon ami, combien il en coûte à une âme généreuse et sensible, qui n'a que l'amour de la patrie dans le cœur, de voir de pareils déchirements et tant d'innocents périr. Que les hommes sont malheureux de faire eux-mêmes leur propre malheur.

DUBREUIL-CHAMBARDEL

Ici s'arrête la correspondance de ce paysan devenu législateur, que la fin de la Convention rendit à ses foyers.

Le lecteur aura sans doute été déçu, s'il espérait y trouver quelques documents nouveaux sur des faits historiques jusqu'ici restés dans l'ombre ou controversés ; mais il aura dû être vivement intéressé par les appréciations politiques mêlées aux sentiments patriotiques que dans chacune de ses lettres Dubreuil-Chambardel exprimait à ses enfants,

La franchise et la naïveté de toutes ces lettres, leur ton d'intimité même, ne permettent pas de supposer qu'elles aient été écrites avec une arrière-pensée quelconque de postérité ou de publicité.

Elles étaient faites pour ses enfants, rien que pour ses enfants, et les sentiments qu'elles expriment sont les sentiments vrais qu'il éprouvait alors sous l'impression des événements du jour. A ce titre-là, elles constituent un document des plus précieux, pour ceux qui veulent écrire l'histoire et juger les hommes de toute cette époque comme ils doivent l'être ; elles éclairent en effet leurs caractères d'une lumière vive et singulière, et nous les montrent agissant dans leur milieu, comme il faut qu'ils soient vus.

Combien en effet, comme Dubreuil-Chambardel, furent députés à l'Assemblée législative et à la Convention et restèrent ignorés et inconnus !

A un moment où il suffisait de se mettre en avant pour jouer sa tête, combien restèrent dans le rang pour ne pas risquer la leur ?.. Et cependant ce furent bien ceux-là qui, pendant la durée de ces deux assemblées, constituèrent par leur masse silencieuse la véritable majorité. Or, toutes les lettres que Dubreuil-Chambardel écrivit, sont empreintes d'un ardent amour de la patrie et d'une véritable satisfaction de conscience du devoir accompli, qui devait être le reflet des lieux communs qu'il entendait chaque jour débiter autour de lui.

N'est-il donc pas curieux de suivre pas à pas l'évolution de cet homme, arrivant à Paris avec des idées modérées, peu à peu conduit au fanastisme politique et finissant par applaudir aux mesures les plus iniques et les plus révoltantes !

Dans chacune de ses lettres, cette marche en avant se fait sentir ; on voit de jour en jour grandir son exaltation, et, ce qui n'est pas moins étrange, c'est de voir que cet homme est un convaincu et qu'il rapporte tous ses actes non pas à l'intérêt d'un parti politique, mais à l'intérêt supérieur de la patrie !

Que d'enseignements et de leçons dans toute cette vie politique, pour l'historien qui veut être impartial, comme pour les politiciens du jour !

Car, nous, les arrière-petits-fils, qui ne sommes plus dans la bataille, nous jugeons les faits passés plus froidement, plus sûrement, mais peut-être ne les jugeons-nous pas comme nous l'aurions fait, si nous avions été mêlés aux événements ; c'est pourquoi nous avons cru qu'il était intéressant de publier ces lettres.

Mais si ceux qui jugent encore les hommes et les choses passées avec leurs rancunes et leurs passions politiques présentes nous demandaient pourquoi nous n'avons pas laissé dormir en paix la mémoire de cet inconnu, et pourquoi nous livrons à la publicité les souvenirs d'un régicide, nous ne pourrions leur répondre qu'une chose : c'est que nous n'avons agi que dans l'intérêt de la vérité historique.

Vannes. — Imprimerie Eugène LAFOLYE.

www.ingramcontent.com/pod-product-compliance
Ingram Content Group UK Ltd.
Pitfield, Milton Keynes, MK11 3LW, UK
UKHW021533260726
13993UKWH00004B/1978